Ben Kretlow

vom rand der nacht

Gedichte

poeme_edition:kieber

Bibliografische Information der Deutschen
Nationalbibliothek:
Die Deutsche Nationalbibliothek verzeichnet diese
Publikation in der Deutschen Nationalbibliografie;
detaillierte bibliografische Daten sind im Internet über
http://dnb.dnb.de abrufbar.

produziert von EDITION KIEBER

Alle Stücke geschrieben, bearbeitet, konzipiert
und aufgezeichnet von © 2020 Ben Kretlow

Bildmaterial: Coverfotografie – pixabay.com
Autorenfoto – aus dem privaten Bildarchiv des Autors
Bildbearbeitung: Ben Kretlow

Kontakt: Email – herzrebell@gmx.net
Instagram - benstagram1985
Facebook – www.facebook.com/pages/Ben-Kretlow

Herstellung und Verlag: BoD – Books on Demand,
Norderstedt

ISBN: 978-3-7519-8037-1

intro

vom rand der nacht ist meine erste publikation seit dem eBook *2 zeilen & ein stift... gedichte* im jahr 2018. seitdem beendete ich drei manuskripte, die verschiedenen verlagen zur durchsicht + möglichen veröffentlichung vorliegen. ab januar 2020 schrieb ich wieder projektungebunden; es entstand eine fülle an neuem material, von dem ich einiges via social media herausgab, so zum beispiel auf meiner Instagram-vertretung @*benstagram1985* unter der rubrik *wortfund der woche*
am abend des 18. juni 2020 machte ich mich seit besagtem januar erstmals wieder (unbewusst) an die arbeit eines neuen manuskriptes. ich durchstöberte kürzlich geschriebenes + welches, das schon einige monate vor sich hinweilte + kompilierte eine erste, unzusammenhängende auswahl. das brachte mir derart viel freude + die stunden vergingen wie im fluge, dass damit der startschuss für dieses nun fertige buch, das Sie grade vor sich haben, gegeben wurde.
wie immer, & das nicht nur so vom rand der nacht aus gesagt, begleitet mich beim schreiben musik, die das hineindriften in vorstellungen + geschichten meiner protagonisten stets begleitet. & so kam mir

die idee, die unterteilung + bezeichnung der vier kapitel (seite 1, 2, 3 und 4) von einer guten, alten vinylschallplatte zu übernehmen. im übertrag wäre das hier also ein sogenanntes doppelalbum. mir gefiel die verknüpfung + kontextschaffung zweier sachen, die ich sehr liebe – das schreiben + die musik –, sehr, & ich denke, damit auch so manchen leser anzusprechen.

    nun zu den gedichten. ich startete mit der eben besagten auswahl von 15 texten, die ich allesamt 2020 schrieb. fortan kreierte ich innerhalb von fünfeinhalb wochen 32 stücke explizit für *vom rand der nacht*. hinzu nahm ich einen text *(es hat sich nichts geändert)*, der ende 2019 geschrieben wurde, im laufe der projektarbeit sowie eines *(jahre)*, das ich kurz vor projektbeginn verfasste. aus diesen 49 gedichten komponierte ich die aus insgesamt 30 stücken bestehenden kapitel. normalerweise wären die restlichen texte in mein arbeitsarchiv als unveröffentlicht verzeichnet eingegangen, wie ich es bei vorherigen veröffentlichungen tat, aber dieses mal, & so genau weiß ich noch nicht warum, wollte ich dem leser die ganze entstehungsgeschichte dieses buches zeigen + erstellte eine varia-abteilung, in der die übriggebliebenen gedichte in zwei kapiteln (seite 5 + 6) aufgenommen wurden. das ist also ein triplealbum. ich persönlich bin stets fasziniert von den arbeits- & produktionsweisen von künstlern, deren werke mir viel bedeuten. & ich – als leser, als selber kreierender – möchte stets so viele einblicke in die schaffenswelt wie möglich erhaschen können. vielleicht wollte ich deswegen dieses mal alles so offen legen + das gesamte projektmaterial herausgeben…

    aber nun habe ich genug gesagt + mache platz für meine protagonistin yuna, die Sie durch das buch führen wird. ich danke Ihnen, liebe leser, sehr für Ihre unterstützung + wünsche Ihnen ein angenehmes eintauchen in die beschriebenen szenen, orte, gedanken, hoffnungen + brüche in den vorliegenden, kleinen geschichten.

Ben Kretlow
Kiel, August 2020

seite 1

vom rand der nacht

& dann seh ich dich wie aus dem nichts an
+ kann erkennen, was liebe alles machen kann
du, ich glaub, da draußen, nein, ist nicht alles schlecht –

komm, vom rand der nacht schauen wir erst
auf einen andern neuen morgen, leise,
+ blicken langsam durchs taubedeckte gras,

während die wolken aufreißen über uns + licht,
das durch den kühlen rest von dunkelheit flimmert, bricht
genau vor unsern augen

& dabei halten wir uns an den händen
+ wollen hoffen auf heute,
dass wir erst von hier etwas sagen,

wenn wir wissen, das böse konnten wir
n kleines bisschen,
stück für stück, gemeinsam besiegen

Geschrieben am 05.07.2020

(so laut reden + wieder) nichts sagen

da ist jemand in mir drin,
der raus will aus dem kalten stein,
der so vor sich hin pocht,
aber ich drück ihn zurück,
so dass niemand je n blick
von ihm erhascht, und zisch ihm zu
ich bin dir überlegen

da ist jemand in mir drin,
der raus will aus dem kalten stein,
der so vor sich hin pocht,
& ich drück ihn zurück + fauche,
so bald er übermütig wird:
was willst du bezwecken, du da?
was willst du mir schon wieder wegziehen
unter den füßen, & warum
ziehst du so fest an der maske,
von der ich dir schon tausendmal sagte,
das ist mein gesicht (--- aber er hört nicht),

denn da ist jemand in mir drin,
der so hart raus will aus dem kalten stein,
der so vor sich hin pocht,
aber ich übertöne seine bitten immer heftiger,
so beispielsweise zu gern mit dem rauschen
des tonbandgerätes, als miles ansetzt
bei *So What* (& du fliegst),
& ich schütte den letzten schluck hinunter
+ wache dann irgendwann auf aus diesem tanz
mit zwei stummen augen glotzend in den spiegel,

weil da ist jemand in mir drin (jaaaaa, ich hör dich),
der raus will aus dem kalten stein,
der so pocht vor sich hin,
aber ich mach ihn mundtot,
indem er mir verspricht, die füße stillzuhalten,
wenn ich ihn rauslasse so in den unauffälligen stunden

mit niemanden um mich herum,
dass er dann frei sein kann,
so etwas wie frei sein kann,
bevor er mir in die augen sieht,
mir sagend ohne worte, ich verschwinde
wieder in dieses loch in dir, aber du + ich,
wir wissen, es gibt nichts schlimmeres
als vor schmerz zu schreien ohne geräusch,
ja, dabei zu weinen ohne rollende tränen

Geschrieben am 20.07.2020

ghettoblumenland

blumenfeld auf der einen, ghetto zur andern
seite. jeder hat hier doch seine eigenen träume:
da der kerl mit der kippe im mundwinkel
und dort die frau, die schuftet bis spät
in die nacht. fenster stehen offen, auch nachts,
wenn der asphalt noch glüht im sommer.
fühl es, fühls doch mal, als das jaulen der hunde
auf den straßen schrillt, wenn die kids herum-
ziehen mit lauter mucke ausm handy. hey,
was ist los mit uns? was ist mit uns?
ich, ein kind der baracken, ghettoblumenland,
schreibt sie, will irgendwann raus in die große,
weite stadt

Geschrieben am 03.07.2020

bisn herz nicht meer konnte

ich bin einer dieser menschen,
die in dem haus leben,
wo niemand einen namen hat

ich öffne meine fenster bei nacht
ich öffne meine augen bei nacht
ich spüre den wind bei nacht,
der an den rändern der scheiben bricht
+ eindringt in das zimmer,
wo ich liege + alle meine träume
in meinem kopf tanzen

ich lächle – & du?
ich schließe meine augen
+ spüre den wind noch,
ja, die macht der träume,
um welche nur die wissen,
die wirklich hinter den fragezeichen
beginnen zu sehen:

also dort, meinen sie, dort,
wo mal weinen angesagt war,
hier + hier,
bisn herz, nein, nicht meer konnte

Geschrieben am 23.06.2020

geräuschlos

du, ich werde warten, bis du wieder sprichst
& wenn du bereit bist, mach ich licht
& so lang du ruhe haben willst, nein, sag ich nichts
ja, ich denk, ich kann das, glaube ich

da muss kein geräusch sein, damit du weißt:
du kannst wien sturm sein – ich bleib leis
da isn splitter vom glück in jedem leid
du, mahn mich nicht; ich weiß, was das heißt

Geschrieben am 10.05.2020

niemand außer mir weiß, wer ich bin

fäuste gegen die wand
ein augenschließen der wut
vor dem schrei,
den niemand hört,
& niemanden möchte ich sehen

das vibrierende blut in den adern
+ wieder das ertasten
der gewissheit in dir drin,
dass niemand außer dir

weiß, wer du
wirklich,
wirklich bist

Geschrieben am 11.06.2020

nach george und breonna und

wir rufen: SCHWARZE LEBEN ZÄHLEN AUCH,
doch nach wochen des aufschreis
wirds nun leise

ich hab son ungutes gefühl im bauch,
wenn ich back to normal
durch die köpfe vor meinen augen kreise

ich wünscht, ja, wir hätten schon
hier + dort so viel meer erreicht –
das bewusstsein bleibt nicht länger das gleiche

nur verliert bitte nicht den ton –
ja, es wird nicht leicht –,
während wir anstimmen: gleichheit ist, wonach ich
greife...

Geschrieben am 02.07.2020
Black Lives Matter.

seite 2

draußen

da sind ne menge bilder
in deinem kopf, yuna,
glaub mir, wir ahnen das –
wie fotos verstreut
auf dem ganzen boden
schnipsel, die du zusammenfügst,
& ein panorama beginnt
leben nennens die einen (du),
kämpfen die andern –
du aber weißt bereits, die welt
ist nicht nur grauer beton
irgendwo da draußen
da draußen

Geschrieben am 13.07.2020

mondflüstern

unter dem mond liegen
im gras
träumen von woanders und
dem stummwerden aller hektik
lauschen, solang du da bist

ich sammle deine küsse ein
+ hüte sie
zwischen erinnerungen,
zwischen fotos + notizen, und
streif mit meinen fingern,
fühlstdus?,
noch einmal über deine
warme, blasse haut

geh nicht, möchte ich sagen und
kann, nein, will dabei gar nicht
ablassen von der tiefe
in deinen krass zarten augen

Geschrieben am 19.05.2020

& manchmal, wenn ich aufwache
mitten in der nacht, dann fühl ich,
wie wir langatmiger wurden, dann
dreh ich mich um + du bist da,
oder es ist eine nacht ohne dich,
& ich zähle bis drei + schließe
wieder meine augen. ich rieche den duft
deiner haare, ob du da bist oder
nicht. es heißt, denkt man an
eine person, dann hat man immer
gleich bilder von ihr im kopf.
du, denk ich an dich, & ich hoff,
du weißt, dass es stimmt,
ist in mir ein meer

Geschrieben am 06.05.2020

irgendwas muss doch da drin sein,
wonach sie greifen. es ist irgendwie
immer dasselbe: erst schluckst du alles,
was sie sagen, & irgendwann machts,
schnipsel für schnipsel, keinen sinn meer
+ die ersten fragen melden sich zu wort.
auf die haben sie dann keine antwort
& auf die find ich so keine antwort
& dann fängt das geistern an,
bis dich, schritt für schritt,
niemand von ihnen meer erkennt

Geschrieben am 07.05.2020

zu verschenken

& was ist, wenn sie dir erst spät
ihr wahres gesicht ganz deutlich zeigen,
weil sie wissen, dass es dann
erstmal nicht geht,
dass sie fort von dir treiben?

ihre umarmungen, fühl doch, sind nicht echt;
hey, du weißt, für sie isses n spiel –
ich wünscht manchmal, die wahrheit
blieb' versteckt,
& es müsste dich nicht treffen so viel

aber vielleicht isses grade richtig so,
wenns krachend geschieht,
dass du jetzt aufwachen kannst irgendwo
+ sehen musst, wer dich nicht liebt

also kann dir jeder egal sein
(sie + er + er...)
+ lass sie ruhig alle sonstwas denken.
glaub mir, mit MIR bin ICH nicht meer
allein – hier, ich hab "freunde" zu verschenken

Geschrieben am 25.05.2020

süße lügen

ach, du bist so jung + schön,
& sie alle wollen nur dein lächeln sehen
deine ernste seite, ja, kannst du
stattdessen von ihnen drehen,
denn nein, nein, nein,
sowas muss niemandem wie dir stehen

denn isses nicht sowieso viel besser,
accessoire zu sein
in einer welt von hier + jetzt + mein + mein?
ach, was bedeutet schon eine traube gönner
in diesem großen allein...
du, aber was weiß ich schon
ja, was weiß ich schon,

außer nur zu hoffen, du bist dann soweit,
aufzupassen, wenns sich dir so deutlich zeigt,
dass sie dein herzgedusel bloß langweilt
+ sie aus sind auf deine jungfräulichkeit,
denn nein, nein, nein,
(& bitte komm ins überlegen:)
du musst ihnen nicht alles von dir geben.

Geschrieben am 06./08.06.2020

noch einmal liebe

lieb mich, während du die zeit beobachtest,
wie sie vergeht

ja, lieb mich,
bis du den mond wieder anknipst
+ du ungefähr erahnen kannst,
wann du wieder vor mir stehst

ja, lieb mich, wenn du zögerst –
& lieb mich, wenn dich irgendwas hindert
ja, bitte lieb mich selbst dann,
während unter deinem eis
sich deine wärme noch einmal dreht

Geschrieben am 09.06.2020

benni

& er schaute raus auf den hafen
& er sah dahinter das ende eines erdteils
und flüsterte sich selber mut zu
(junge, atme ein, atme aus)
er redete sich ein, seine haut

würde eines tages härter + kälter sein
als jeder stein, wenn er mal groß ist,
hat er sich geschworen, kann dann
niemand meer in meinen augen lesen,
was ich wirklich fühl

er ist längst aus stein. die schicht
zu IHM isso massiv wien gebirge,
das keiner überwindet. und seh ich ihn
da manchmal noch stehn, wünscht ich,
er hätt nie diese münze – kopf oder zahl – geworfen

Geschrieben am 03.07.2020

seite 3

innem schattenspiel

den eigenen schatten suchen
an einem montagabend
in vier wänden,
die das gefühl geben, mich zu kennen,
dessen bücher, papiere, geräte,
couchen sie beinhalten + kennen;
so oft aber unangefasst, bin ich
tagelang gar nicht hier.

woher habe ichs nicht gewusst,
dass blätter, die ich vollschreib,
auch anderswo sicher liegen können,
& ich habs mich nicht getraut,
mich in den worten auf diesen blättern
anderswo liegen zu lassen,
& so ist es nun der schatten,
der zwischen den wänden wechselt
+ mich in + an ihnen sucht

& ich könnte noch behaupten zu träumen
(& dabei will sie kein wort meer
von mir hören, nein),
oder ich könnte behaupten zu schweigen
(& dabei such ich jedes geräusch von ihr
in ihren alten nachrichten,
& klar, ich find sie),
aber diesen wänden, nein, mach ich
so leicht nichts meer vor

[es ist jetzt 22.18 uhr, ich werf mir
die jacke über, warte –
ich schnapp mir die packung
kippen, warte –
der rauch wird dich stören, ich weiß;
aber ein mann ist erst ein mann,
wenn er --- warte]

Geschrieben am 23.03.2020

es hat nichts geändert

es wird sich nichts ändern.
jahre kommen + sie gehen,
und zwischen den tagen der ansturm
lichtrarer nächte hier in der kleinstadt.
was willst du, jurek?
jetzt, grade jetzt?

als du deinen drahtesel durchs dorf
treibst, das bild könnte jetzt
jedes beliebige jahr sein, bleibst du
stehen vorm waldeck,

weil dir jemand steckte: hinterm tresen
ihre ausgeträumten augen
vorm tresen sechsmal die woche
stets dieselbe besatzung, & die welt hat
genau hier angehalten, war dir so klar,
aber ihren namen, nein,
hast du nicht vergessen.

sie schloss mit euch ab,
als du gingst: das weißt du auch, jurek,
ich warte nicht, und du nahmst die tasche
vor zehn jahren, junge, mit nichts drin
+ wusstest, ab hier zählts:
berlin, oder nichts.

du wartest auf der andern seite
des bürgersteigs, als sich die tür der spelunke
öffnet + sie rauskommt, der daumen
streicht über ihre stirn, zwischen mittel-
& zeigefinger die kippe, und der entmutigte
blick ihr kleid im anbruch der nacht.

geh lieber. fahr weiter oder zurück, aber
misch dich nicht ein, junge, das
wärne spur zu viel –: was soll sie dir
auch sagen; was möchtest du von mir hören;
geh lieber – du, es hat sich nichts geändert

Geschrieben am 06.11.2019

ich verlass mich nur auf mich

du denkst, du hast die macht,
mich niederzureißen
+ machst alles mit einem schlag zunichte
im innern, denk ich, ahnst du nicht,
du hast so falsch gedacht –
denn hey, ICH kenne MEINE geschichte

ich verlass mich nur auf mich.
deine süßen worte in meinem ohr
kommen nicht näher ran,
falls du dachtest, ich könnt nur dich
näher halten, weißt du nun,
dass ICH MICH am besten halten kann

ja, wirf dreck auf meinen namen,
aber ich liebe mich meer als genug
& meinetwegen fang deinen krieg von vorne an,
der mir aber nichts tut
es ist mir egal, was alle sagen –
es ist mir egal,

denn ich steh wieder auf,
wenn du mich zu boden ringst
ich liebe mich, tja, das weißt du auch,
auch wenns dir deine überlegenheit nimmt
ich verlass mich nur auf mich
+ steh wieder auf,
& du weißt, das ängstigt dich
ich steh wieder auf
ich steh wieder auf

Geschrieben am 08.07.2020

yunas träume

ihre lieblingszahl ist 17, & ihr lieblingstraum
ist einmal eine schauspielerin werden in nyc,
& sie möchte jedem ein lächeln schenken,
dem sie begegnet, und keinen raum für tiefe pfützen
lassen, wenn es mal regnet, nein. sie möchte lieben
+ leben überall auf der welt, sagt sie sich
jede nacht vorm schlafengehen

Geschrieben am 03.07.2020

nach ahmaud und regis und

kein grund, irgendwas zu unterscheiden?
ist nicht der ansatz, den sie dir immer zeigen
ja, die luft ist kalt, wo du dich bewegst,
& blicke folgen dir, wenn du dich drehst
du hörst doch n andern ton, wenn sie was meinen

& du weißt klar, wir andern hören ihn auch
du, ich hab son ungutes gefühl im bauch
& zugleich wünscht ich, ich könnt dir deines nehmen
+ dein aufgewühltsein mild zur ruhe legen
ich wünscht, ja, dein pures herz dürfte endlich scheinen

Geschrieben am 02.07.2020
Black Lives Matter.

kalte nacht, kalter tag

fühltest du dich jemals so allein,
dass du dachtest,
auf der ganzen welt wärst nur du?

konntest du dir nie die wunden verzeihen,
die du andern gabst,
& ohne ein wort sahen sie dir dabei zu?

also hast du jemals wählen müssen,
so nur für dich,
zwischen kalter nacht + kaltem tag?

welche tränen hast du versteckt auf jenem kissen,
sags!,
auf dem nach dir später liebe lag?

& jetzt drehst du dich zur wand;
der lärm überrollt die welt ---
die lippen an deiner schläfe
+ deine in seiner hand,
bis sich n stück vom traum erhellt.

Geschrieben am 25.06.2020

tonflimmern

ich flimmer über den ton, mit dem du sprichst
ich lausche jedem wort, das du sagst... und nicht
ich weiß, dass ichs nicht bin, von dem du träumst

du, ich geh hier meine schritte nur + lasse dich
& schreib ich noch ein wort über uns – du, dann hasse mich,
bloß weil dir nicht der schreibt, von dem du träumst

& vielleicht isses ja auch nur so,
dass du alle wut auf mich schiebst,
weil du weißt, dass du
jemanden wir mich gar nicht verdienst,

der so hin und weg,
& ziehs ruhig durch den dreck,
flimmert über den ton,
mit dem du sprichst

Geschrieben am 08.07.2020

seite 4

steinherz

1.
du weißt, du machst mich so müde
du brennst mich aus
meine sicht ist durch dich so trübe
ich weiß nicht raus

2.
dein kaltes lachen lässt mich
erschauern; ein klappern in meinen knochen
wie sehr wünscht ich, dich
hätt ich schon längst aus meinem stein gebrochen

Geschrieben am 27.07.2020

auf einmal ist die welt

nicht meer so, wie sie war.
wo bist du hin?
du musst doch irgendwo sein + nah,
wo ich bin.

dein schatten auch hängt hier nicht meer.
wo streift deine warme hand?
nun bin ich kalt + leer
+ ohne mut, ob ichs verstand.

wo kannst du denn nun bloß sein
so ohne ein wort, oder ich
hab es nicht gehört, ja, dass ein
herz auch ohne lautes klirren bricht.

wann sind wir uns nicht meer begegnet?
wann hörte das feuer auf?
haben wir gar nicht gemerkt, dass es regnet?
ich weiß, dass du mich nicht meer brauchst
+ so tust, als hätte es uns nicht gegeben,
so als wär die welt, aus der ich auftauch,
wie eine aus einem andern leben.

Geschrieben am 27.07.2020

träume, yuna

geboren hier im block, das weiß ich schon,
kann träumen oft der einzige luxus sein. ich
geh vorsichtig damit um, denn niemand
wird mir nehmen, wo ich lebe hinter meinen
geschlossenen augen. wenn ich durch die straßen geh,
sehe ich alles + sehe ich nichts. wenn ich
anfange zu summen im regen, ziehe ich meine
kaputze tief über meinen kopf + strecke meine
hände in die luft. ein tropfen dann in meiner hand
hat keinen anfang + kein ende. so wie diese tropfen
sind auch meine bilder im kopf von der,
die ich eines tages bin. da ist hoffnung, oder?,
das ist mein luxus, flüstert yuna vor sich hin,
als der fahrstuhl hält unten im erdgeschoss

Geschrieben am 09.07.2020

seltsam, aber wahr –

doch glaub ich schon, du kennst mich gut
+ weißt, was so manches mit mir tut,
denn du siehst viel dahinter
& kämpf ich manchmal + mir fehlt der mut,
& auf mein eis trifft deine glut,
brauch ich dich in wirklichkeit noch meer

& manchmal kommst du mir zu nah,
& manchmal bist du mir zu fern
dann brauch ich dich hier + nicht da
+ kann mir eingestehen, was ich noch alles lern
& dabei weiß ich, du hast so viel meer verdient
als jene zeilen, die ich dir wie diese schrieb

also fang ich jetzt was unvernünftiges an,
& wir machen einfach so weiter?
du, weiß ich, was liebe alles kann,
oder kann ichs nicht, kann ichs nicht, leider?
du, woran hältst du fest + woran ich?
ja, was ist das, was unsre herzen heilt + bricht?

Geschrieben am 13.07.2020

was es noch nicht ist *Geschrieben am 22.07.2020*

was ist falsch in dieser welt?
hat dir jemand irgendwas dazu gesagt?
warum haben wir vorher kein stück mut gewagt,
sondern gewartet, bis erst jemand fällt?

wer ist der narr da auf dem boden?
was hat er dir versprochen,
oder womit hat er gelogen?
ist das ne geschichte vom gefallnen held?

& was sagt das gesprühte an der wand?
isses geschrieben aus überzeugung
oder gekritzelt von unsichrer hand?
welcher meinungsrücken, du, ist am meisten gebogen?

& dabei haben wir so viele andere probleme
überall, wo du dich umschaust
überall, wohin ich sehe,
keine bewegung, kein ichdrehe

ampulsderzeit,
dass der hier bald mal anders schlägt –:
ich wünscht, du hättest deine naivität abgelegt,
damit ich deine mir unklaren bilder endlich verstehe

aber noch isses nicht so weit –
es hat leider niemand für dich zeit,
solang du dich nicht erkenntlich zeigst
& tja, noch immer nichts faires im sozialsystem,
skandieren die, die ganz hinten stehen
meist auch die, die laut brüllen,
aber nicht ihre masken abnehmen,
die dir was anderes sagen
als das, wohin sie eigentlich gehen –
ja, ich muss kurz ne minute überlegen
ja, ich muss ne minute überlegen,
ob wir dir nochmal das wort übergeben

ich weiß

ich starre den mond an,
die nacht,
ein ende vom tag
+ schließe meine müden augen

manchmal denk ich,
wenn ich dann aufwache
in einem andern land
jenseits meiner lider, dass

da vielleicht doch meer
hinter den dingen steckte,
die mich durchs leben führten
vor meinen augen –

wo bin ich?
du, ich weiß,
ich weiß irgendwann
die antwort

Geschrieben am 17.06.2020

wanderkuss

& noch einmal, schwört er, möcht ich wien rausch
für dich sein, ganz fallend
aus himmel + nacht
& ja, deine begierde will ich auch,
flüstert sie, während deine liebe
meine liebe macht
& dann kann deine haut eine neue
geschichte fühlen,
als meine lippen wandern
und wandern und wandern

Geschrieben am 22.07.2020

yuna weiß nun eines tages

& dabei kenn ich die welt kaum weiter
als diese straßen um mich herum
& dabei hab ich mir so oft vorgestellt,
ich würde diesen einen schritt weitergehn,
& ja, alle meine bedenken schalten auf stumm

ich wünscht, ich könnt jemandem n bisschen
davon erzählen, was ich in den wolken seh,
& niemand würd all das plump lapidar abtun,
als ob ich nichts von meinen plänen versteh

ich weiß, ich bin nicht jemand, auf den
irgendjemand hier oder sonstwo wartet – ich weiß,
& ich bin nicht jemand, der sich gegen hier auflehnt,
weil hier immer irgendwie in mir bleibt,
doch ich spür, irgendwann kommt die stunde null –

& dann hab ich meine tasche fertig gepackt
& ich hab jedem meinen ehrlichen dank gesagt
ich nehm meine augen nun von diesem grau
+ folg meiner intention, meinem gefühl, ja, mir genau

Geschrieben am 27.07.2020

VARIA.
outtakes, varianten
+ unfertiges

seite 5

ich hatte nicht das herz

letztlich hatte ich nicht das herz, etwas zu sagen,
das dich bei mir bleiben lässt, punkt.
vor momenten konnte ich noch kein richtiges wort
                                                                     wagen,
aber du, ich weiß es jetzt, punkt?!

wem machen wir eigentlich was vor,
& vor was laufen wir davon?
was wartet hinter diesem tor,
& was ahnen wir schon?

ich hatte nicht das herz, etwas zu meinen,
was für dich sein könnte meer als die welt
vor momenten brachte ich noch deine sonne zum
                                                                       scheinen,
& nun bin ich wie regen, der an dir zerfällt

also was kann man dir nur bringen,
das du wirklich brauchst?
was muss einem herz nur gelingen –
& ich fühl es auch?

nein, ich hatte nicht das herz, etwas zu meinen,
das dich bei mir bleiben lässt
ich hatte nicht das herz, das dich
nein, ich hatte nicht das herz

Geschrieben am 28.06.2020

wundervoll (zwischenspiel)

[& falls dus manchmal zu schnell vergisst,
bis sich n stück von deinem traum erhellt,
könntest du dazwischen meinem herzen lauschen,
wies dir flüsternd davon erzählt,
wie wundervoll du,
ja, wie wundervoll du eigentlich bist]

Geschrieben am 30.06.2020

vom rand der nacht [1. Fassung]

schauen wir auf einen neuen morgen
sieh mit mir durchs taubedeckte gras
und komm

sieh mit mir, wie die wolken aufreißen
+ licht bricht durch den kühlen rest
von dunkelheit genau vor unsern augen

lass uns hoffen auf heute, ja?
lass uns erst von hier etwas sagen,
wenn wir wissen, das böse konnten wir
für heute n stück besiegen

Geschrieben am 02.07.2020

mir

& wenn ich daran denk, so in
ca. 40 jahren kann alles vorbei sein
& ich seh mich so unpassend
in dieser welt grade,
weil da so viel geräusch in mir ist
seit jeher
+ so viel an ruhe von mir nach außen
seit jeher,
möcht ich im grunde nie,
dass mich irgendwer ganz sieht.
ich möchte am liebsten schweigen,
hör doch! hör doch!,
nie viel reden, nein, in meinen
träumen bleiben
hier in meinem kopf,
wo sie alle mir allein gehören

Geschrieben am 23.06.2020

aufruhr

& alles, was DU hörst, isn ruf nach
KEINSTÜCKMEERSCHWEIGEN,
& du STEHST AUF + öffnest dein fenster
und SIEHST
und SIEHST

so VIELE auf den straßen HIER,
die alle DASSELBE fühlen
wie du
+ nun aufstehn,
weil WIR diesmal ein für allemal
GENUG GESPÜRT haben,

ja, dass das von DA OBEN, nein,
ganz + gar nicht hoffnung
aufn anderes leben ist

Geschrieben am 04.06.2020
Black Lives Matter.

vulkan

ich möchte grollen wien vulkan manchmal
+ dann explodieren + alles, alles, alles strömt,
während mancher neben mir sitzt
+ gar nicht weiß, werwiewas ich bin, will + hass

Geschrieben am 13.07.2020

kartentanz

keinen deiner briefe werde ich lesen.
stattdessen schau ich

auf die karte an der wand
+ seh darauf eine welt,
in der mein ort nicht
abgebildet ist

ich puste den staub
vom papier,
ich füll die feder nach
+ fang an zu schreiben

über die erinnerungen
an einen tag,
der erst noch anbricht,
als ich mir vorstell,

wie wir damals schon
hätten tanzen können
in einem frühling so frei
über den dächern lissabons

du, lass uns los –
ich zahl die tickets
du, lass uns los –
ja, lass uns gehen

Geschrieben am 18.06.2020

lost in transition

was, wenn weit über uns eine neue galaxie entsteht,
so ganz mit sonne + mond,
& wir uns noch einmal in einer andern welt begegnen
+ unsre liebe bliebe vom all + jeder ferne verschont?
du kannst deine träume mitnehmen, ruft er
ja, du kannst deine träume mitnehmen, sieh –
wenn du zuerst langsam meine
+ danach deine augen schließt

Geschrieben am 27.07.2020

benni [1. Fassung]

& er schaute raus auf den hafen
& er sah dort das ende eines erdteils
und flüsterte sich selber mut zu
(atme ein, atme aus)
er redete sich ein, seine haut
würde eines tages härter + kälter sein
als jeder stein, wenn er mal groß ist,
weil wenn er mal groß ist, hat er sich
geschworen, kann niemand meer
in meinen augen lesen, was ich wirklich fühl,
wenn egal wer dann vor mir steht,
bin ich längst aus stein

Geschrieben am 03.07.2020

willst du mit mir spielen? [1. Fassung, unfertig]

ich seh dich stehend an der wand,
gelangweilt mit nem drink in der hand,
als irgendne öde mucke so plätschert vom band,
schaust du auf die uhr + denkst, wann

kann ich nur raus + heut noch was erleben
irgendwas muss doch diese nacht irgendwo gehen
bei allen city lights an strahlend weich
brauchst du n wenig zeit für tanzkörperleichtigkeit

du, ich weiß nicht, worauf wir zielen –
möchtest du, möchtest du mit mir spielen?
egal. jegliches gefühl können wir jetzt ruhig verlieren,
wenn unsre schritte in jedem takt vibrieren

Geschrieben am 03.07.2020

seite 6

der groschen ist gefallen

& ich glaub, du hast keine ahnung,
was ich alles weiß, sagt er – aber
spiel ruhig weiter. spiel ruhig weiter
er blickt zurück ins buch + sie nimmt
keine notiz von ihm, von seinen worten –
spiel ruhig weiter... was sie auch tut, leider

Geschrieben am 03.07.2020

ein licht hab ich für dich
durch die nacht gehalten
so mühsam wie mich
musstest du manche erinnerung falten,
als wir zu einem foto wurden,
das blass wird irgendwann im kopf:

& ich steh am rand da, wo kein
neuer tag beginnt – nirgends bewegung,
nirgends licht
& du meinst noch so wahr, dass dein
herz sich besinnt, und seine überlegung
meint endlich DICH //:

also, wo ist hier der kampf zu ende?
wann endet gegen dich endlich deine strenge?
wann nur greifen deine meine hände?
du, was ich gäbe, dass ich dich wirklich glücklich fände

Geschrieben am 19.07.2020

weil immer jeder will,
was er nicht hat,
bleibt nie was still
+ läuft nie was glatt

wenn jeder immer nur will,
was er eigentlich nicht sollte,
bekommt nie irgendwer das,
was er wirklich wollte

also ist das deine gierige hand,
die nach meinen sachen schnappt,
während mein ausgeknipster verstand
sich ausmalt, wie dein plan
doch viel besser für mich klappt,

als nie was still bleibt
+ nie läuft was glatt,
weil immer jeder ich will schreit,
was der andere grade hat

Geschrieben am 23.04.2020

klüger

ich sitze dir gegenüber,
sitze deinen lippen gegenüber,
die verführerischer nicht
lügen könnten
als in dem moment,
als worte schon
nicht meer gesprochen werden

ja, ich verbrenne mich
an dem gedanken,
& du weißt es genau, lina –
ich sollte aufstehen + gehen,
& du solltest mich lassen, lina –
ja, sei du klüger, bitte sei es,
und nimm mir dieses schwanken

Geschrieben am 13.05.2020

im 7. stock kein klopfen gegen die wand
kein geräusch dringt ins zimmer. nirgends,
als er sich umdreht vom kerzenlicht, ne hoffnung,
die sie einem geben für irgendwannwirdsbesser,
du wirst schon sehen. sie schläft längst,
als er heim kommt von der schicht spät in der nacht,
und weiß, er + ich, wir wurden so leise,
dass wir gar nicht meer hören,
was wir alles mal wollten oder konnten,
du, wer wir sind

Geschrieben am 19.07.2020

muss man nicht erst ein herz haben?

du, ich habs nur von nem freund gehört,
was dich ach so alles an mir stört,
& dass du gar nicht meer so genau weißt,
was das, was war, für uns noch heißt –
aber muss man nicht erst ein herz haben,
bevor man lamentieren könnte über irgendwelche
                                          narben?
hm, ich weiß nicht –:

außer, dass er behauptet, du hättest so eindringlich
                                          gesagt,
ich hätte aus deiner sicht zu wenig? zu viel? gewagt
& ich steh nun da als herr dumm
+ weiß nicht, was du mit all dem meinst,
wenn ich daran denk (ach, seis drum),
wie du ständig mein nachbohren verneinst...
aber du wirst schon wissen, was du tust

ach, du wirst schon wissen, was du tust,
& ich werde zweimal hinhören, wenn du rufst
ja, ich werd nun zweimal hinhören, wenn du
irgendeine neue tür öffnest
+ die andere schlägst du zu;
ach, du wirst es schon noch wissen

Geschrieben am 18.01.2020

im rückspiegel

ach, du wirst schon wissen, was du tust
lass uns noch einmal im spiegel posieren
+ nur dieses kerzenlicht schaut uns dabei zu //:
ach, lass uns

warten, bis die nacht ein ende nimmt
+ wir selbst erst wissen, was nun stimmt:
du fühlst mich? fühl ich dich? ja, sag dus //:
ach, lass uns

die minuten zählen auf der uhr –
ich schalt ab von deinem schreien,
du verfluchst mein stur //:
ach, du wirst schon wissen, was du tust

& ja, du weißt, ich hör nun zweimal hin,
wenn du rufst –
als hättest du formen können, wer ich bin,
& schlägst einfach irgendwelche türen zu

so, als hättest du mich
als hättest du mich
wirklich formen können //:
so, als hättest dus

Geschrieben am 25.01.2020

& an manchen tagen glaubt er dir

das wort, das du meinst,
& das gefühl, das du suchst,
die erinnerung, die du dir
in schwarzweiß so glaubhaft ausmalst,
& die bewegung, erst zart, dann fester,
empfindest du als sowas wie liebe

& an manchen tagen glaubt er dir,
wenn du ihm süße worte
ins ohr flüsterst, und er lächelt
dabei in vorsicht, weil er dann doch weiß,
auf dein wollen + dein verlangen,
nein, my darling, sind kein verlass

ach was solls, drückst du aufbrausend
die kippe aus im ascher, was denkst du,
ich könnte für so viele andere
alles sein, und ja, ich wärs,
& du hast nun den mumm,
mir nicht zu glauben?

an manchen tagen, ja, glaubt der narr ihr,
wenn sie ihm so temperamentvoll
ihre wahrheit schwört, und er lächelt
dabei, fast umgerissen auf ihre seite
+ fühlend ihr wollen, ja, dein verlangen,
my darling, teile ich, teile ich, teile ich

Geschrieben am 23.03.2020

jahre

die linien da im spiegel,
sind das die jahre,
von denen sie sagen,
sie würden vergehen
wie im flug?
ich wünschte, ich

könnte noch einmal etwas
von dir sehen,
das niemand kennt.
ich wünschte, ich

hätte viel besser
auf dich aufgepasst,
als ichs dir
immer wieder nenn...

die linien da im spiegel,
du, sind das die jahre?
ich glaub, wir zwei sind uns einig –
das rätseln ist genug

Geschrieben am 17.06.2020

inhalt

Ben Kretlow
vom rand der nacht
Gedichte

intro   7

Seite 1

vom rand der nacht   13
(so laut reden + wieder) nichts sagen   14
ghettoblumenland   16
bisn herz nicht meer konnte   17
geräuschlos   18
niemand außer mir weiß, wer ich bin   19
nach george und breonna und   20

Seite 2

draußen   23
mondflüstern   24
& manchmal, wenn ich aufwache   25
irgendwas muss doch da drin sein   26
zu verschenken   27
süße lügen   28
noch einmal liebe   29
benni   30

Seite 3

innem schattenspiel   33
es hat sich nichts geändert   34
ich verlass mich nur auf mich   36
yunas träume   37
nach ahmaud und regis und   38
kalte nacht, kalter tag   39
tonflimmern   40

Seite 4

steinherz	43
auf einmal ist die welt	44
träume, yuna	45
seltsam, aber wahr	46
was es noch nicht ist	47
ich weiß	48
wanderkuss	49
yuna weiß nun eines tages	50

VARIA. *outtakes, varianten + unfertiges*

Seite 5

ich hatte nicht das herz	55
wundervoll (zwischenspiel)	56
vom rand der nacht *(1. Fassung)*	57
mir	58
aufruhr	59
vulkan	60
kartentanz	61
lost in transition	62
benni (1. Fassung)	63
willst du mit mir spielen? (1. Fassung, unfertig)	64

Seite 6

der groschen ist gefallen	67
ein licht hab ich für dich	68
weil immer jeder will	69
klüger	70
im 7. stock kein klopfen gegen die wand	71
muss man nicht erst ein herz haben?	72
im rückspiegel	73
& an manchen tagen glaubt er dir	74
jahre	75

Alle Stücke geschrieben, bearbeitet, konzipiert
und aufgezeichnet von © 2020 Ben Kretlow

der autor

Ben Kretlow, geboren 1985 als Benjamin William Kretlow, ist ein deutscher Schriftsteller und lebt in Kiel.

Ausgezeichnet als Autor des Monats Februar 2014 von XinXii.com, Europas größtes Selfpublisher-Onlineportal.

Unter anderem letzte Veröffentlichungen der Bände *"hier, etc."* (2015, als eBook), *"#DieLetzteFarbe"* (2016, als Printausgabe und eBook) sowie *"2 zeilen & ein stift... gedichte"* (2018, als eBook).

Darüber hinaus ist Ben Kretlow Projektinitiator des *SternenBlick*-Projektes sowie Mitherausgeber des ersten Jahrbuchs *"SternenBlick – Ein Gedicht für ein Kinderlachen"* (2014).

meer
liebe
füreinander.